太喜歡歷史了！

給中小學生的輕歷史

4

東漢三國

東漢三國

時代背景

再統一與再分裂——06

衣食住行

生活在東漢三國——09

歷史事件

01 廢墟上誕生的東漢王朝——14

02 創業者劉秀「光武中興」——20

03 明章之治：東漢盛世！——27

04 匈奴？西羌？鮮卑？東漢與周邊民族的關係——35

05 東漢的科學與文化——42
06 東漢朝廷的激烈內鬥——48
07 東漢末年的軍閥混戰——55
08 赤壁之戰造就的歷史轉折！——66
09 關羽丟失荊州——75
10 三國時代正式開啟——82
11 諸葛亮的治國韜略——94
12 蜀漢曠日持久的北伐——101
13 司馬家族獲得最終勝利——108
14 三國時期的科技發明——111

東漢三國

文：書魚，陸西漸
繪：蔣講太空人（時代背景，歷史事件）
Yoka（衣食住行）

時代背景

再統一與再分裂

劉備

西漢結束之後，並不是東漢開始，而是新莽政權。王莽雖然得到統治國家的機會，但是他的治國措施不被接受，這就給了劉秀可乘之機。西漢本來就是劉家的天下，劉秀做皇帝也更符合期待，因為他是正統的劉姓皇脈。這正是劉秀的優勢之一。

曹操

孫權

東漢前期的皇帝大多勵精圖治，把國家治理得井井有條，因而有「光武中興」與「明章之治」的安定時代。但是到了後期，宦官集團、士大夫集團和外戚集團相互對抗，使得朝廷陷入混亂。東漢末年，黃巾軍（由張角率領信眾起兵反抗腐敗的朝廷，他們頭綁黃巾做為識別）起義，各個地方的割據勢力相伴而生。董卓、袁紹、曹操等地方勢力先後崛起，你爭我奪，各顯本事，最後形成魏、蜀、吳三國鼎立的局面。

三股勢力並存，意味著互相牽制抗衡，所以這個時期有很多爾虞我詐的精采故事。大家熟悉的《三國演義》，就是明朝羅貫中借《三國志》記載這個時期歷史所寫的小說。

三國時期，雖然天下是分裂的，但是為了贏得百姓擁護，魏、蜀、吳這三個政權其實都非常努力的治理自己的地盤。同時，醫學、文化的發展與科學發明，也未因軍閥混戰而停滯；發明方面，有蔡倫改進造紙術；文學方面，有建安七子、建安文學、建安風骨；宗教方面，佛教就是東漢時期傳入中國的。

想了解更多東漢與三國的故事，就回到這段歷史去看看吧！

生活在東漢三國

衣食住行

衣

東漢、三國時期，有錢人家用絲織品做衣服，沒錢的小老百姓就只能用麻和葛了。全套服飾可以分為六個部分：冠（ㄍㄨㄢ）、衣、裳（ㄔㄤˊ）、襪、履（ㄌㄩˇ）、飾品。冠是頭上戴的帽子，衣是上身穿的衣服，裳是指下身穿的衣服，襪是襪子，履是鞋子。

有趣的是，冠和現在的帽子有所不同。當時的冠有許多不同種類，包括遠遊冠、綸（ㄍㄨㄢ）巾、繡帽、皂帽、絮巾等，人們還可以根據不同的冠，來區別一個人的身分。對了，東漢時期還出現了「職業服裝」，比如商人不能穿戴華麗的服飾，而是穿白色的衣服。

食

日常生活裡，人們釀酒、煮茶；生活裡常喝酒，有的地區人們已養成喝茶的習慣。「茶」在早期文獻裡寫成「荼」字，而且人們喝茶方式跟現在不同，不是泡茶，而是烹茶，是需要煮著喝的。

人們也懂得麵食發酵的技術了。宋朝人高承在《事物紀原》書中說，饅頭是諸葛亮在征討孟獲的途中發明的。不過，當時的饅頭是有肉餡的，就像現在的包子，個頭也比較大。

住

一般人居住的房子是「一堂二室」的結構，接近現在「兩房一廳」的概念。庭院式住宅也已出現，有方形、長方形，也有一字型、曲尺型、

三合式、四合式、日字型，基本結構都是「一堂二室」，當然，面積大小有所不同。

過去的房子都是一層的，但漢代方士說「仙人喜歡樓居」，因此樓閣式住宅應運而生，從這時期開始蓋起樓閣。有了樓閣，可以憑高遠眺，風景好，居住的空間也變大了。既然好處多多，高層的樓閣建築便漸漸形成風潮。

行

如果回到東漢、三國，你會發現，交通工具在不同階層間交替流行。比如軺（ㄧㄠˊ）車（輕便的馬車），本來是中下層官員的交通工具，後來卻很

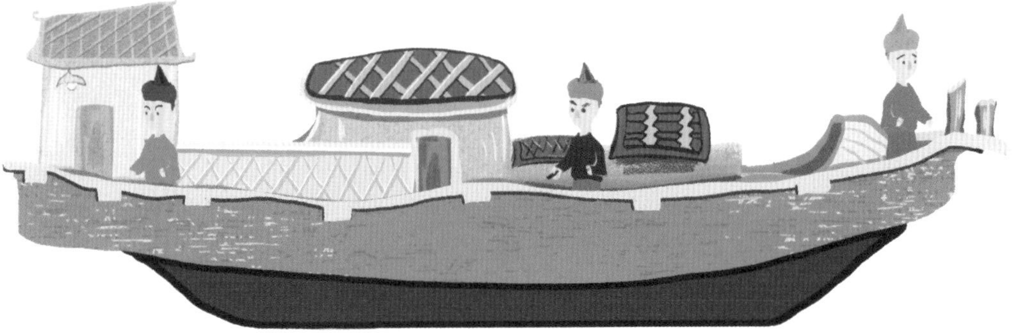

受高官貴冑青睞（ㄌㄞˋ）。比如原本是地位低賤的商人才乘坐的牛車，到三國的時候卻受到天子、貴族喜愛，到了晉代，上層社會還流行起羊車。

東漢、三國時期的海上交通更為發達。東吳臨海，經常透過海路與遼東半島及南海地區交流。出於自身發展需要，各方勢力都十分重視開鑿溝渠，所以內河交通也變得更發達，不僅便利物流運輸，也促進地方繁榮，為後來全國運河系統打下基礎。

歷史事件01

廢墟上誕生的東漢王朝

反抗新莽

王莽篡奪西漢政權後，推行很多「新政」，但新政並未如他預期的贏得民心。再加上遭遇各種災害，老百姓都吃不飽了，對新莽政權自然感到不滿。為了活下去，大家紛紛起來反抗王莽的統治，大規模農民起義席捲全國。

西元十七年，南方的荊州地區發生饑荒，人們為了爭搶食物激烈打鬥。有兩個叫王匡、王鳳的人勇敢站了出來，幫人們調解糾紛，就被推舉成為首領，對抗王莽政權。剛開始，起義軍僅有幾百人，隨著周邊地區百姓加入，漸漸增加到幾千人。由於起義軍駐紮在綠林山中，所以他們自稱「綠林軍」。

在北方，樊崇僅僅帶領幾百人就佔領了泰山，附近百姓紛紛加入，不到一年，這支起義軍的規模就擴增到一萬多人。樊崇率領的起義軍紀律嚴格，誰傷害百姓就要受到嚴懲，因此很受周邊百姓支持。起義軍的士兵和王莽軍隊作戰時，為了分清敵我，會把眉毛染成紅色，於是這支隊伍便被稱為「赤眉軍」。

綠林軍和赤眉軍後來為了推翻新朝而結盟，聯手作戰。他們分別從南方和北方對王莽的部隊發動攻擊。起先，王莽主要反擊北方的赤眉軍，南方的綠林軍便趁機一路攻到長江下游，擁立了一個西漢皇室的後裔劉玄當皇帝，也就是「更始帝」。更始帝劉玄以綠林軍為主力，組建了一支漢軍，稱為「更始軍」。

王莽這才意識到，原來綠林軍才是最大的敵人。西元二

大事記

世界

中國

西元17年，新朝爆發綠林起義

西元23年，昆陽之戰爆發

西元25年，光武帝劉秀即位，東漢建立

十三年，王莽率軍將更始軍逼退到昆陽（在現今河南），並把他們圍困在昆陽城內。更始軍的將領劉秀等人，趁夜晚突圍，到附近的縣城調集士兵，成功組織了一支隊伍，從外發動反擊，城內的更始軍同時突圍而出。兩面夾擊下，王莽的軍隊被打敗了。這個叫劉秀的將領，在這場以少勝多的戰役中表現十分出色，成為各地起義軍的佼佼者。

昆陽戰敗，王莽再也沒有能力對付起義軍。不久，更始軍攻

▼新朝末年，一支自稱綠林軍的起義軍崛起。

入長安，殺了王莽，新朝滅亡。但起義軍內部也陷入爭權奪利的矛盾，劉玄將很多有功的將領處死，包括劉秀的哥哥，這麼一來，就讓反對劉玄的人凝聚在一起了。

劉秀崛起

昆陽之戰表現突出的劉秀，在哥哥死後，強忍悲痛向劉玄請罪，才僥倖保住性命。之後，他利用劉玄派他到河北監軍的機會，在河北蓄積自己的實力，準備有朝一日建立自己的政權。他一方面任用賢才，整頓軍紀，收攏民心；一方面網羅馮異、鄧禹等將帥之才，成為自己軍隊的骨幹。

西元二十三年，劉秀巡視河北郡縣，將很多被王莽政權關押在獄裡的犯人釋放出來，而且他從不搜刮百姓的財物，所以很多人願意支持他。再加上劉秀的軍隊有制度、有紀律，讓前來投靠的人有機會發揮才能，誰會不願意投靠這樣的領袖呢？

西元二十五年，勢力越來越大的劉秀正式稱帝，恢復「漢」的國號，定都洛陽。當時全國處於分裂狀態，大小軍閥不計其數。為了統一天下，劉秀率領軍隊東征西討，後來一鼓作氣，終於徹底平定了赤眉軍。由於赤眉軍是農民起義軍，為了順應民心，劉秀沒有屠殺他們，而是將赤眉軍解散，讓他們以耕種為生。西元三十六年，最後一個軍閥盧芳逃往匈奴地區。歷經十年，總算重新恢復統一的局面。

由於建都洛陽，正好位於長安的東面，所以歷史上把這個政權稱為「東漢」。又因為劉秀的諡號是光武皇帝，因此劉秀統治時期的治世稱為「光武復興」或「光武中興」。

劉秀只用短短十幾年時間就平定天下，當然是因為他的能力很強，也因為他手下有

◀建立東漢的劉秀，從小在家幫忙農活。

許多很會打仗的將領。後來他的兒子漢明帝，命人為功勳卓越的二十八人繪製畫像，掛在雲臺閣裡。這一批追隨劉秀平定天下，開創了光武中興的將領，史稱「雲臺二十八將」。

歷史事件02

創業者劉秀「光武中興」

為什麼許多官員不願意讓朝廷重新測量土地、統計人口呢？

關於劉秀

創建東漢王朝的劉秀，是南陽郡蔡陽縣人，從族譜上看，他是漢景帝劉啟的第七世孫，也算得上是漢朝皇室的支系。他的父親劉欽當過縣令，在劉秀八歲時去世。劉秀被親戚收養後，雖然還是個稚齡孩子，卻必須下田勞作，這也讓他早早體會了底層人民的辛苦。後來劉秀之所以能成為一位體恤百姓的皇帝，和自身經歷有關。

大事記

世界

- 西元37年，羅馬帝國皇帝提比略去世，卡利古拉即位
- 西元41年，羅馬帝國皇帝卡利古拉去世，克勞狄一世即位

中國

- 西元39—40年，東漢王朝進行度田，恢複使用五銖錢

二十多歲的時候，劉秀進入國家最高學府太學進修，學習經典，也學習做人、治國的道理。他進入太學僅僅兩年，各地紛紛起義反抗王莽的新朝，於是劉秀和他的哥哥劉演，也決定帶領南陽郡的宗室子弟發動起義，推翻新朝。

劉秀的內政治理

度田行動

東漢剛建立時，國家經歷幾十年動盪，戶口、土地方面的資料都已失真。問題是，內政最重要的兩件大事——賦稅和徭役，又必須依據戶口和田畝數來確定。因此，西元三十九

◀劉秀在全國進行「度田」，重新確認人口數與土地面積。

年，劉秀下令重新測量田地、清查戶口，目的是把當時農田和戶口的實際數字調查清楚，這就是「度田」。

不過，重新測量土地，觸犯了很多人的利益，遇到許多阻礙。為了推動度田，劉秀甚至下令殺了一批試圖造假的官員。為什麼要造假呢？因為這些官員與當時的豪強大族勾結，隱瞞、謊報農田和戶口的實際數字，以便少繳賦稅，讓地主獲得更大利益。

這次普查的過程雖然曲折，但是結果很成功。透過普查，劉秀終於真正清楚掌握了國家的農田面積及戶口數目，做為制定政策的依據，同時也能掌握國家應有的賦稅收入，穩定東漢王朝的經濟基礎。

減輕佃租

戰爭過後，全國人口凋零、糧食產量低下，劉秀頒布了一系列幫助農民百姓休養生息的政策，最重要的就是減輕農民上繳的佃租。農民租種地主的田地，必須繳納租金，也就是佃租。要知道，當時的佃租，將近農民全年收入的十分之一，對農民而言是極沉重的負擔。劉秀在政權逐漸穩定之後，下詔恢復西漢前期舊制，將佃租的徵收額度改為農民收入的三十分之一，這對農民而言是天大的德政，大幅減輕農民的生活壓力。

開鑿陽渠

西元四十八年，為了解決當時洛陽城的用水問題，劉秀下令在洛陽城西方挖通一條圍繞著洛陽城的大水渠，命名為陽渠，目的是將黃河和洛水貫穿連通起來。有了穩定的水源，城市建設和百姓生活就更方便了。

改革幣制

五銖錢是西漢的主要貨幣，王莽上臺後，頒布一系列改變幣制的法令，禁止使用五銖錢，還將五銖錢收集起來集中銷毀。甚至下令，凡是使用、收藏五銖錢的人都要受罰。這麼做是為了發行新錢幣，卻造成百姓極大的困擾與不便。劉秀廢除了王莽的政策，恢復歷史悠久的五銖錢，百姓都樂意接受，也使社會經濟很快恢復正常。

劉秀終結了長年戰亂帶給百姓的苦難，廢除大量王莽留下的錯誤

▲交趾酋長的兩個女兒，帶頭反抗東漢統治。

政策，又懂得減輕人民負擔，所以經濟快速發展，人民安居樂業。

劉秀的邊疆治理

除了統治中原地區，劉秀也向邊疆地區拓展勢力，逐漸取得少數民族的

認可。過程並非一帆風順，但也一步步穩住了邊疆。

西元四〇年，南方交趾地區（現今越南北部紅河三角洲地區）的百姓，不滿當地太守而奮起反抗，反抗軍的首領是當地酋長的兩個女兒，叫做徵側和徵貳。劉秀派馬援出兵討伐交趾，擊敗徵氏姊妹，平定這片地區。

至於北方的匈奴，由於內鬨，讓漢朝面臨的威脅減輕不少。西元四十八年，呼韓邪單于的子孫為了爭奪繼承權，導致原本強大的匈奴分裂為北匈奴、南匈奴。呼韓邪單于的孫子——日逐王（匈奴貴族封號）「比」，率領南匈奴八部共四萬多人投靠漢，並在漢朝保護下與北匈奴相抗衡。

在西部邊疆，有一個不可忽視的少數民族——羌族。他們是典型遊牧民族，活動範圍非常廣，有一百五十個部落，各部落間互相爭鬥，一直無法產生強有力的統治者。後來劉秀強制要求各個部族按照東漢朝廷的安排遷徙，維持各部落之間的實力平衡。

歷史事件03

明章之治：東漢盛世！

翻譯佛經的地方叫做譯經道場。不知道古代第一個譯經道場在哪裡？

延續體恤人民的國策

光武帝劉秀留給繼承者一個健康穩定的帝國，他去世後，漢明帝劉莊、漢章帝劉炟ㄉㄚˊ先後繼位。他們延續光武帝的治國政策，減輕賦稅，不讓老百姓生活太辛苦，讓社會生產力得以恢復。此時的東漢王朝內部特別團結，對外戰爭節節勝利，文化上也空前蓬勃。

前朝是因為農民起義而消亡的，所以東漢帝王深知贏得民心的重要，拿出絕對權威，對宗室子弟、外

戚貴族嚴加管制，同時多方打擊豪強地主，不讓他們欺壓百姓。最典型的例子，就是漢明帝劉莊的岳父——鼎鼎大名的伏波將軍馬援，他因外戚身分而未能列入雲臺二十八將，三個兒子在朝中也都未能位列高官。

以前，一人犯法，全家都受牽連。漢章帝劉炟廢除了「一人犯法，親戚同罪」的株連刑法，改為流放，減輕刑罰。他採納尚書陳寵的建議，廢除苛政，一共廢止了五十幾條殘酷的法律條文。有了好的政策，也需要好的官員來落實，因此漢章帝劉炟非常嚴格的選拔、考核人才，使得政治更加清明。

佛教經典傳入中國

西漢時，大月氏國王的使者伊存曾口述《浮屠經》。東漢時，這個來自天竺的宗教漸漸流傳開來。

原來是這樣啊

具有批判精神的《論衡》

《論衡》是一個叫王充的人寫的，「論」是談論，「衡」是衡量的意思，這本書談論先秦以來各個學派的思想。

古代人們相信天命，總以為人間的事情是上天的決定。但王充並不這麼認為。他寫了長達三十卷的《論衡》來批判這種思想。儘管當時相關知識有限，王充的視野也有局限，但在近兩千年前，能展現這種批判性的思想，非常難得。

西元六十四年，漢明帝劉莊夢見西方來了一個身高六丈（一丈是三點三公尺，六丈約二十公尺）、頭頂放光的金人。大臣傅毅告訴他，西方的神又叫做「佛」，就是夢中這個金人的樣子。這裡說的西方，並不是現在所說的西方歐美世界（那時候人們還不認識世界的許多其他文明），而是指「西域」，以及通過西域能到達的地方，包括印度半島。劉莊隱約感覺這個夢是在對他傳達天意，於是趕緊派遣使者去天竺求法。使者在西域的大月氏國，遇到天竺高僧攝摩騰、竺法蘭，便邀請他們前往中國。

西元六十七年，兩位來自天竺的高僧，隨著漢朝使者，以白馬馱著經書，到達洛陽，落腳在鴻臚寺。第二年，漢明帝下令在洛陽建造僧院。為了紀念白馬馱經的功績，新造的寺院便取名為「白馬寺」。

攝摩騰和竺法蘭在白馬寺譯出了中國現存第一部漢譯佛典《四

西元70年，羅馬帝國攻陷耶路撒冷

西元79年，維蘇威火山爆發，埋沒龐貝城

西元68年，漢明帝下令修建中國最早的佛教寺廟──白馬寺

西元75年，漢明帝劉莊去世，漢章帝劉炟即位

西元79年，漢章帝召開白虎觀會議

十二章經》，後來又陸續有多位西方高僧在白馬寺譯經。此後一百五十多年時間裡，這些高僧共翻譯了一百九十二部、合計三百九十五卷佛經，白馬寺也成為中國最古老的譯經道場。

最優的黃河治理法

東漢朝廷重視民生問題，西元六十九年，決定徹底治理黃河，減輕水患。這個重任落在當時著名的水利學家與地理學家王景身上。王景精通《周易》、數學、天文，是當時難得的治水人才。經過認真測量、計算，王景決定改變黃河出海口，讓河道經由現今山東省梁山縣、平陽縣、濟南市、高青縣、博興縣等地入海。這條路線與今日黃河的流向十分接近，也是當時最好的選擇。

為了治理黃河，王景發明了水閘（ㄓㄚˊ）！做法是在大壩上用石頭堆壘

大事記

世界
西元54年，羅馬帝國皇帝克勞狄一世去世，尼祿即位
西元66年，第一次猶太戰爭爆發

中國
西元57年，漢光武帝劉秀去世，漢明帝劉莊即位

一道閘門，留下缺口，用厚木板做成閘門，擋住缺口；水量豐沛時，把閘門打開，紓減水量。水量變少時，關閉閘門，蓄積水量。透過控制水量大小，改善水患與旱災。此外，王景還採用加固河堤等多種方式緩解水壓，穩固河道。這次治理黃河，前後動用幾十萬人，總算解決了長期以來的水患問題，原來的水患區也變成可以耕種的良田。此後九百多年，黃河沒有再發生過大改道。

▲由於對經典有不同的理解，一群儒生正激烈辯論。

儒學的意識形態

西漢時期，漢武帝採納董仲舒的建議，罷黜百家，獨尊儒術。春秋時期，孔子的儒家學說與經典，成為西漢官方唯一認可的學術思想。然而，因為對經典的理解不同，儒家各學派之間的思想衝突愈演愈烈，到了漢宣帝時期，甚至不得不召開「石渠閣會議」來協調儒家各派思想。

西漢末年，「今文經」、「古文經」兩大學派再次發生激烈爭論，

加上當時讖緯文化流行，儒家思想的統一更是勢在必行了。讖緯是一種用來預言吉凶的神祕文化，往往跟政治有關，當時的人們對其深信不疑。東漢光武帝劉秀也很崇信讖緯。

民生安定以後，學者終於有了互相探討儒家經典的學術環境。

西元七十九年，朝廷召集大批儒家代表人物，來到京城的白虎觀參加會議，並把討論結果編著成一共四卷的《白虎通義》。這套書將《詩經》、《春秋》、《論語》、《禮記》等經典，與讖緯學說融合，形成獨特的東漢讖緯儒學體系。

原來是這樣啊

意識形態

意識形態，指的是人們如何認知世界、理解事物。不同民族的人有不同的外貌特點，也可能會有不同的意識形態。但意識形態與外貌不同，它並不存在於我們的基因，而是受到外在世界的影響。所以即使是同一個國家、同一個民族，不同的人，看待世界的角度也是不一樣的。例如，東漢的人看待世界萬物，受到讖緯儒學的影響，也就形成他們的意識形態。

歷史事件04

匈奴？西羌？鮮卑？東漢與周邊民族的關係

班超立下外交大功

東漢初期忙於內政，無力顧及域外的經營，西域各國因而重新被匈奴控制。西元七十三年，奉車都尉竇固出兵進攻北匈奴，竇固派了一位名叫班超的書生去西域，聯繫各國夾攻匈奴。

班超接下命令，與部下郭恂（ㄒㄩㄣˊ）等人先去了鄯（ㄕㄢˋ）善國（西域古國之一，舊名樓蘭）。一開始，鄯善王還對他們噓寒問暖，態度恭順，後來突然變得冷淡疏遠。班超覺得事出有因，向鄯善侍者套話，才知道原來是因為北匈奴的使者也在此時來到鄯善。

於是，班超趁著夜色，率部下突襲北匈奴駐地，又縱火又敲戰鼓，把北匈奴人嚇得亂成一團。第二天，班超請來鄯善王，把前夜趁亂殺死的北匈奴使者的首級給鄯善王看。鄯善王大驚失色，班超趁機安撫。

班超口才一流，說動了鄯善王歸附東漢朝廷，並將王子送來做人質，以示誠意。在班超的穿梭努力下，東漢重新控制了西域地區，這等於切斷北匈奴的一條臂膀，立下大功。

擴大對外接觸

西元九十七年，已經年邁的班超，派手下甘英出使「大秦」，也就是地跨歐亞非大陸的羅馬帝國。甘英從龜茲（ㄑㄧㄡ ㄘˊ）出發，途經條支、

132年，第二次猶太戰爭爆發

西元100年前後，許慎開始撰寫《說文解字》

105年，蔡倫改進了造紙術

132年，張衡製造地動儀

▲班超率兵夜襲匈奴使者。

大事記

世界

西元98年，羅馬帝國皇帝圖拉真即位，之後羅馬帝國達到全盛

中國

西元88年，漢章帝劉炟去世，漢和帝劉肇即位

西元97年，西域都護班超派甘英出使大秦（羅馬帝國）

安息（現今伊拉克、伊朗一帶）等國家，直到安息西界的西海沿岸為止。透過他沿途收集情報，了解有關亞洲、歐洲各地的情況，也擴大了東漢王朝的世界觀與國際視野。

一批羅馬人也經由海路來到中國，向東漢皇帝贈送了象牙、犀牛角、玳瑁等禮品。這是正史記載的中國與羅馬帝國的第一次往來。海上絲綢之路在這時候出現，更增進了東漢的社會經濟發展。

其實，從西漢開始，就發展了一條海上絲綢之路，從廣西合浦地區出海，走海路進行絲綢貿易。《漢書．地理志》記載，當時漢朝有一條海上航線，從廣西合浦出發，經南海進入馬來半島、暹羅灣、孟加拉灣，到達印度半島南部的黃支國（現今印度南部）、已程不國（現今斯里蘭卡）。商人也可以通過安息和天竺，中轉到達歐洲。

▼甘英出使大秦。

原來是這樣啊

編寫《漢書》

班超出身書香門第，父親班彪和哥哥班固都是著名學者。班彪晚立志接續《史記》，專心寫歷史，可惜沒寫完就去世了，由兒子班固、女兒班昭先後接棒，兩代人共同完成《漢書》。

西元六十二年，班固專心撰寫《漢書》時，被人舉報「私修國史」，這可是殺頭的大罪！在外領兵的班超非常擔心哥哥安危，立即快馬返回，請求皇帝明察。漢明帝讀了班固的書稿，認為果然是一部佳作，下令釋放班固，還封他為蘭臺令史，負責掌管和校訂皇家圖書。不料在《漢書》即將完成時，班固又被另一起案件牽連，不幸死在獄中。之後便由他的妹妹班昭接著續寫。

《漢書》是中國第一部紀傳體斷代史，講述西漢以來的歷史，與《史記》、《後漢書》、《三國志》並稱「前四史」。

解決了匈奴，又來了羌族

東漢前期，黃河以北的燒當羌（西羌的一支）首領聯合其他羌人部落，擊敗了當時最厲害的羌人部落──先零羌（又稱先零戎，也是西羌的一支）。他們慢慢發展壯大，逐漸崛起，成為了東漢在西北方的一大威脅，影響邊境地區安寧。東漢朝廷當然不允許這種情況發生。西元五十八年，漢明帝派出由馬武統領的部隊征討羌人。第二年，燒當羌的首領不得不帶著剩下的羌人投降。

沒幾年，西羌人因為不滿被東漢官僚、豪強欺壓，紛紛逃亡。他們沒錢沒糧，到處搶糧搶錢，還截斷了西域與中原的通道。為了討伐西羌，東漢只能再次派出軍隊。戰爭一打就是幾十年，為此，東漢國庫耗空，百姓也死傷眾多。東漢末年的時候，西北的官員還趁西羌之亂培養自己的勢力，不過這就是後話了。

鮮卑也不是好惹的

除了羌人，與東漢戰鬥的還有鮮卑，他們是繼匈奴之後在蒙古草原上興起的另一股勢力，在匈奴分裂前一直被匈奴壓迫。

東漢朝廷對於是否要攻打北匈奴，意見分歧。有人擔心，鮮卑人若是不受壓制的話，很可能成為漢朝又一個心腹大患，所以應該保留北匈奴的殘餘，這樣既能留給鮮卑人一個強硬的對手，又可以防止南匈奴坐大。但漢和帝時期的東漢掌權者竇太后並不這麼認為，在西元八十九年到九十一年間，她派遣竇憲率軍徹底擊敗北匈奴。

北匈奴向西逃跑之後，鮮卑人果然逐漸壯大起來，取代匈奴，成為北方的主要民族。漢桓帝時，檀石槐統一了鮮卑各部，不時侵略、騷擾東漢邊境地區。

歷史事件05

東漢的科學與文化

超級字典誕生

東漢對外戰爭勝利，使得國內擁有發展文化的穩定環境。當時正是漢字發展的重要時期，著名的文字學家許慎就在這時候誕生。他從小就認真學習諸子百家的經典著作，後來進入朝廷，整理、校注宮廷藏書，趁機讀了許多書。西元一〇〇年前後，許慎開始撰寫一部收錄文字讀音與解釋的字書《說文解字》，聽起來和現在的字典很像。的確，這本書就是世界上最早的字典之一。編字典既費腦力，也費體力，不

▶ 許慎編寫《說文解字》。

是短時間能完成的。隨著許慎的研究越來越深入，這本書直到二十年後才最後定稿。

《說文解字》第一次有系統的分析、考究了漢字字形和字體的來源，全書以小篆書寫，共有五百四十個部首，九千三百五十三個漢字。直到現在，研究漢字的人，都會參考、研讀這本書，可見它的專業性和重要性。

原來是這樣啊

《爾雅》與《說文解字》

許慎編寫《說文解字》的時候，開創了部首編排法，與現在的字典很像。不過那時候還沒有「字典」這個名詞，而是叫做「字書」。

除了字典，學習語言的時候，還有一類非常重要的工具書，就是詞典。《爾雅》就是中國最早的一部詞典，解釋詞彙。這部書按照事物的分類來進行編排，例如動物、植物的詞彙，天文、地理的詞彙，器物的詞彙。

下知地理：
張衡發明地震測量儀

東漢時期，出了一位喜歡研究數學、天文、地理和機械製造的大科學家，名叫張衡。

那個時候，地震頻繁，但在當時，別說預知地震發生是不可能的事，甚至要在地震發生很久之後，才能收到災情報告。為了及時掌握全國地震動態，西元一三二年，張衡發明了一座叫「地動儀」的探測器。這座儀器有八個方位，分別是東、南、西、北、東南、東北、西南、西北，每個方位上，都有一個對應的龍頭，龍頭口裡含著龍珠，龍頭的下方蹲著一隻蟾蜍。假如某個方向發生了地震，這個方向的龍頭口中所含的龍珠，就會掉進下面蟾蜍的嘴裡，這樣人們就知道哪個區域發生地震了。

西元一三四年的某一天，地動儀的一個龍頭突然動了，吐出了龍珠。沒過幾天，隴西來報，證實前幾天確實發生地震。那些原本不相信地動儀的人們，終於對張衡心悅誠服。

上知天文：天象觀察器——渾天儀

除了地動儀，張衡還改進了觀察天象的渾天儀。渾

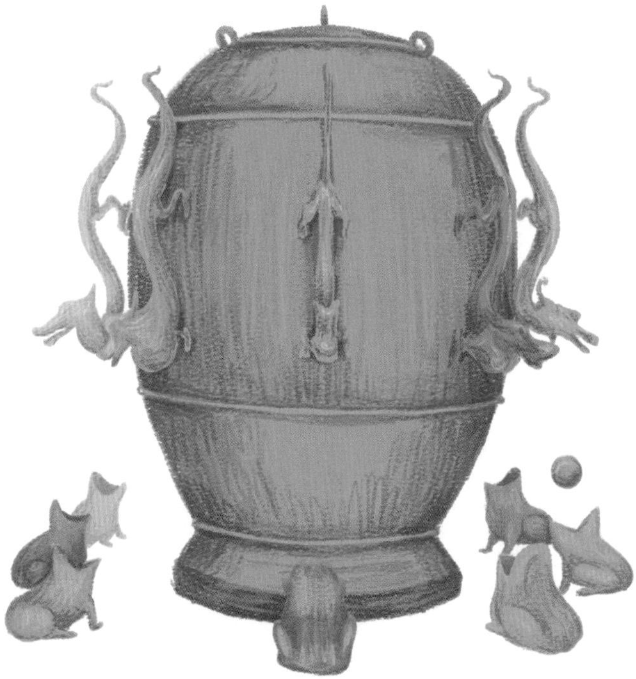

▲張衡發明的地動儀，以純銅打造。

天儀的雛形其實早就有了，它是渾儀和渾象的統稱，而這兩種天文儀器在西漢就已經發明了。

張衡在前人的基礎上研發，造出漏水轉渾天儀。這個儀器的主體是好幾層圓環，它們可以獨立轉動，中間由一根金屬軸貫穿，軸和圓圈的兩個交點就是南極和北極。而這些圓圈，有的代表赤道，有的代表天體運行軌道，此外還有地平圈、子午圈，根據上面的刻度，人們還能讀出節氣和星宿。

▲在古代，人們還沒有發明天文望遠鏡，主要依靠模擬星辰運動來觀察天象，渾天儀就是這樣的儀器。

原來是這樣啊

紙的誕生

你聽說過「帛書」、「帛畫」嗎？帛字上面是白」，下面是「巾」，意思就是白色的絲織品。在發明紙以前，人們是用竹簡、帛等寫字。竹簡便宜，但是笨重；帛輕便、好書寫、方便攜帶，但是非常貴，所以不普及，貴族、皇室才用得起。

紙的發明，平衡了這兩者的特點。最早的紙，可能在西漢時候就有了，經過東漢蔡倫改進了造紙技術，讓紙張比以前容易取得，但直到兩三百年後，紙張才真正普遍使用，取代了竹簡。

為了讓渾天儀按照時刻自行轉動，張衡設計了兩個滴漏壺。以前沒有時鐘，人們發明了滴漏壺來計時。壺的底部有孔，水經過小孔，滴進有刻度的器皿裡。水位上升到不同刻度，需要一定的時間。透過滴水以及看刻度，就可以知道時間了。張衡的渾天儀，利用滴水來推動渾天儀的圓圈轉動。經過張衡的精密計算，渾天儀一晝夜正好轉一周，這樣就可以模擬一天中的星辰變化軌跡了。

歷史事件06

東漢朝廷的激烈內鬥

外戚集團對抗宦官集團

漢章帝以後的東漢皇帝壽命都不長，繼任的皇帝因為年齡太小，只能在旁人輔佐下登基。而當朝的太后或皇后，也須讓自己的哥哥、弟弟成為地位尊崇的「大將軍」，依靠娘家的力量支持，鞏固權力。

小皇帝長大以後，當然想從外戚手中奪回權力，但是他們從小在皇宮長大，很少有機會接觸外臣，最能依靠的只有身邊的宦官。宦官是指中國

古代皇宮裡專門為皇帝及其家族服務的人。其實，在東漢以前，宦官並非全是閹人，也有一般的官吏，宦官接受宮刑後才能進宮的規矩，是從東漢開始的。而漢桓帝劉志之所以能擊敗權勢滔天的大臣梁冀，奪回自己的皇權，正是靠宦官幫助，所以他更加信任宦官了。

漢桓帝劉志統治的後期，外戚集團、士大夫集團、宦官集團之間的對立日益嚴重。這三方鬥爭，使得東漢時期發生三次「黨錮之禍」（錮是監禁的意思）。在你死我活的黨爭中，許多

▶宦官、外戚和士大夫，誰也不服誰，導致黨錮之禍。

人因為「結黨」的罪名被免官監禁，他們確實是動亂的製造者，但也有許多人是受到牽連而成了犧牲品。

儒學蓬勃發展

東漢中後期，之所以形成聲勢浩大的士大夫集團，與儒學發展有關。當時，儒學從「百家爭鳴」進入「大一統」，也是經學發展的高峰。許多知名學者廣收弟子，傳播自己對儒學的理解。其中最有名的就是馬融與鄭玄。

馬融是東漢時期著名的古文經學家，他給許多經典寫了注釋。著名的鄭玄、盧植都是他的學生。鄭玄是當代的經學達人，而盧植後來成了劉備和將軍公孫瓚的老師。

東漢時期的儒家知識分子，有的進入朝廷做官，久了成為貴

193年，羅馬帝國內亂結束，塞維魯王朝開始

189年，董卓擁立漢獻帝劉協，掌握政治實權

192年，呂布殺董卓

族；有的沒能做官，但非常關心國家大事。在黨錮之禍中，看不慣宦官集團、外戚集團而站出來對抗的，大多是這樣的讀書人。

黃巾起義

由於自然災害頻傳，百姓生活非常困苦。有一個叫張角的人，以自身的醫術結合奇書《太平經》的內容，在民間遊走，治病救人，創立了「太平道」。太平道用符咒治病，從現代科學的角度，當然不會相信這種把戲，但是在當時，有人還真的被張角治癒了，對太平道深信不疑，成為信徒。

張角把他的信徒組織起來，這就是中國歷史上首次由宗教組織發起的大規模農民起義——黃巾起義。張角傳教長達十餘年，吸收不少信徒，影響力一下子就擴展到全國。

大事記

世界			
中國	146年，漢桓帝劉志即位，中國歷史上第一次宦官專權	166年，黨錮之禍開始	184年，黃巾起義爆發

▲黃巾起義爆發。

黃巾起義聲勢浩大，東漢王朝不得不放鬆黨錮，釋放大批士人，下令讓各個郡縣練兵自保。在皇甫嵩、盧植、曹操等優秀軍事將領指揮下，這場大規模起義很快就被平息了。儘管黃巾起義沒有成功，卻造成社會動盪，也催生了一批批有實力的地方武裝勢力，包括董卓、曹操、孫堅等勢力，都乘勢崛起。

董卓的成敗

新興的地方武裝力量與外戚集團、士大夫集團以及宦官集團，幾股勢力互相抗衡，宦官集團與外戚集團在鬥爭中同歸於盡。新興的地方武裝力量，則由董卓最早掌握了大權。他一方面招攬不少名士為自己效力，另一方面大肆殺戮反對自己的東漢朝臣，最後居然還廢掉了皇帝劉辯，擁立劉協登基，也就是漢獻帝。

董卓的舉動，給其他各懷心思的地方勢力提供了藉口。各路諸侯借這個機會迅速會盟，推舉袁紹為盟主，以討伐董卓的名義起兵。

雖然討伐董卓的聯盟在軍事上具有絕對優勢，但內部嚴重分歧，吵來吵去，誰也不服誰，甚至公開打起來。兵力占優勢的聯軍中，只有曹操、孫堅等幾支軍隊願意出戰。

對陣初期，董卓軍隊還是比較佔優勢，曹操和孫堅根本不是他的對手。隨著戰爭持續，聯軍逐步取得優勢。董卓為了保命，不得不搬到長安，臨走還一把火燒了洛陽城。

但當時的長安也不是什麼好去處，已經荒廢近兩百年。外面的敵人容易提防，身邊的反對者卻難以察覺。董卓最後是被自己的反對者算計了。司徒王允，用計謀使負責護衛董卓的大將呂布與董卓反目。西元一九二年，董卓乘車前往皇宮，呂布隨行。中途，董卓車隊遭遇埋伏，董卓內穿鎧甲，沒有傷到要害。從車上摔下的董卓大喊：「呂布在哪？」而他的護衛呂布則不慌不忙的掏出詔書，喊道：「有詔討伐賊臣！」董卓這才發現呂布背叛了他。

董卓死後，王允和呂布等人短暫掌握朝廷局勢，但是很快就遭到董卓手下將領反撲，殺了王允，劫持了漢獻帝，東漢朝廷再次陷入混亂。

◀董卓擁立漢獻帝。

歷史事件07

東漢末年的軍閥混戰

五斗米道

董卓死後，朝廷完全無力管束地方，東漢的統治已經名存實亡了。各路豪強為了爭奪權勢又陷入混戰。

西元一九四年，「五斗米道」的教主張魯，靠著地方勢力佔領了漢中（現今陝西、四川一帶），建立了一個政治和宗教合一的地方政權。因為大家都很憎恨官吏剝削，所以他並不用太守、縣令這些官場名號，而是自號「師君」，管理事務的官員叫「祭酒」，普通信徒叫「鬼卒」。

信奉五斗米道的人，只需要繳納五斗米，就可以得到法術治療，此外還有不少吸引底層百姓的措施。例如張魯在漢中的大馬路上設立義舍，在這裡提供米和肉，讓窮苦人民可以免費拿取。老百姓若是犯了小錯誤，只罰修路一百步；若是犯了罪，可以被原諒三次，再不改正才會行刑。禁止在春夏殺生，為了節約糧食也禁止釀酒。這樣的五斗米道，吸引了大量貧苦農民。

漢中地區在五斗米道的治理下，遠離戰爭，獲得二十多年的平靜。後來五斗米道的教徒奉張魯的先祖張陵為天師，所以這一教派又被稱為「天師道」，是道教的一支。

大事記

世界

中國

196年，曹操迎漢獻帝　200年，官渡之戰爆發　207年，劉備三顧茅廬

曹操集團

曹操的父親是宦官曹騰收養的義子，後來曹操參與討伐黃巾軍，收編了三十萬人，有了自己的軍事力量。西元一九五年，漢獻帝劉協帶著一批殘餘的朝廷官員逃出長安，回到洛陽，但各方勢力根本不在意這個皇帝，只顧著互相廝殺吞併，擴大自己的勢力。

西元一九六年，曹操剛剛佔領兗（ㄧㄢˇ）州（現今山東、河北、河南一帶），勢力還不穩固，於是他效仿董卓「挾天子以令諸侯」，親

原來是這樣啊

軍閥就是獨佔某個地區的軍人集團。歷史上，除了東漢末年外，隋朝末年、元朝末年以及民國時期，都曾經出現軍閥割據、互相混戰的情況。

黃巾起義爆發後，朝廷派重臣擔任州牧，統領地方軍務，加強對地方的統治。後來州牧的勢力越來越大，不僅招兵買馬，還割據一方，漸漸成為軍閥，不聽令中央。

自率軍隊，把處境尷尬的漢獻帝迎接過來，還把女兒嫁給他。表面上，曹操處處尊重獻帝，無論做任何事，都以獻帝的名義發號施令。天子掌握在他手中，做起事來名正言順，其他的割據勢力也拿他無可奈何。當時人們品評人物，說曹操是「治世之能臣，亂世之奸雄」。

除了曹操以外，還有荊州地區（現今湖北一帶）的劉表、益州（現今四川、雲貴

▼《世說新語》記載了曹操「望梅止渴」的故事。

一帶）地區的劉焉、江東地區（現今湖南、江浙一帶）的孫策等眾多軍閥，他們為了鞏固勢力，總是長年征戰。

成語講堂

望梅止渴

比喻用空想安慰人。

曹操機智過人，「望梅止渴」是他用計緩解士兵口渴的故事。在一次率兵征討張繡的路上，天氣很炎熱，士兵又累又渴。曹操擔心延誤作戰，但是距離下一個水源還很遠，怎麼辦呢？曹操就騙士兵前面有梅林，士兵們一想到梅子的酸味，口中很自然的分泌口水出來，隊伍立刻振奮起來，加快速度，就這樣順利趕到了下一個水源。典出南朝宋．劉義慶《世說新語．假譎》，常與「畫餅充飢」連用。

袁紹集團

汝南地區（在現今河南）的袁氏是個大家族，很有影響力，連續四代都有人在朝廷擔任「三公」要職。此時，這個家族出了一位出色的子弟名叫袁紹。袁紹很年輕就在朝廷裡做官，還在消滅宦官集團的大戰中立了大功，可惜戰果卻被董卓搶走了。

袁紹不願與董卓合作，於是逃亡到冀州地區（在現今河北）。憑著家族聲望，袁紹在這裡組織起一支強大的軍隊，成為反董卓聯盟的盟主。袁紹手下有不少能幹的謀士、說客，他們幫著想出各種辦法，軟硬兼施，對敵人能勸降的就勸降，能用武力征服的也毫不手軟。袁紹的勢力一步步擴張，終於在西元一九九年成為實力很強的軍閥。下一步，就是一統天下了。

袁紹和曹操在年輕的時候曾經是很要好的朋友，兩個人在對抗宦官集團及董卓集團的時候還曾並肩作戰。但後來，他們成為東漢末年最強大的兩股勢力，也成了彼此強勁的對手。西元二〇〇年，袁紹調集十多萬精銳大軍，以泰山壓頂之勢向曹操撲來。曹操則以兩萬兵力迎擊。

經過幾次交手試探後，雙方在黃河岸邊的官渡地區（在現今河南）正式對戰，這就是「官渡之戰」。曹操的糧草消耗得很快，兵馬數量又遠遠不如對方，怎麼看都輸定了。

就在這緊急關頭，袁紹的謀士許攸因為家人犯法被捕，一氣之下叛逃到曹操陣營去了。在許攸建議下，曹操派出精銳部隊偷襲袁紹囤積糧草的烏巢，放火把袁紹軍隊的存糧燒光。沒了糧草還怎麼打仗呢？袁紹軍隊狼狽的退回冀州，兩年後，袁紹就病死了。西元二〇七年，曹操算是統一了北方。

劉備集團

另一個著名的軍閥劉備，自稱是西漢中山靖王（劉勝，漢武帝的異母兄弟）的後代。黃巾起義後，劉備抓住機會率兵討伐，建立軍功。西元一九六年，在陳登、孔融等人幫助下，劉備入主徐州（在現今江蘇），成為一股不可忽視的勢力。

但劉備也挺倒楣的，先是被背信棄義的呂布偷襲，失去了徐州。幾經輾轉，劉備不得不去投奔冀州的袁紹，尋求庇護，誰知道袁紹也敗給了曹操。為了躲避曹操追殺，劉備又率領殘兵敗將來到了荊州。統治荊州的劉表雖然接納了劉備，但是對他並不放心，把他打發到一座名叫新野（在現今河南）的小縣城。

▲劉備投靠袁紹。

劉備有心復興漢室，卻不知該怎麼做，於是去拜訪荊州士族圈的名人諸葛亮，向他請教。劉備先後三次前往諸葛亮在隆中居住的草廬請求見面，第三次才終於見到。在劉備再三懇求下，諸葛亮終於同意出山，擔任劉備的軍師。

諸葛亮為劉備分析：北方的曹操正處在勢力巔峰，又掌握漢獻帝賦予的大義名分，很難與他正面交鋒。江東的孫權，經歷兩代人的建設，基礎穩固，也很難動搖。劉備還有機會爭取的，就只剩下劉表佔據的荊州，以及劉璋佔據的益州，還有張魯佔據的漢中地區。如果依照諸葛亮的戰略去做，起碼可以爭取與曹操、孫權三分天下。這個戰略，就是歷史上著名的「隆中對」。

◀劉備請諸葛亮出山。

歷史事件08

赤壁之戰造就的歷史轉折！

孫劉聯盟

劉備投靠的劉表，是當時比較強的軍閥。加上荊州並未遭受黃巾起義戰亂波及，所以比較富裕，有不少人才聚集在這裡。劉表擁有十幾萬將士，手下有劉巴、蒯(ㄎㄨㄞˇ)氏兄弟等文官，還有黃忠、甘甯、文聘等名將；蔡瑁和張允手下的水軍，實力更是數一數二。荊州的地方勢力蔡、蒯、向、黃四大家族，都很支持劉表，劉表當然也就成了曹操的眼中釘。

大事記

世界

中國

208年，赤壁之戰

213年，曹操被封為魏公

215年，曹操佔據漢中

▼《三國演義》有諸葛亮「舌戰群儒」的故事。諸葛亮想説服其他大臣，聯合東吳抗曹。不過，根據歷史，劉備聯手東吳孫權，是魯肅促成的。

西元二〇八年，曹操率軍征討劉表，但軍隊尚未到達荊州，劉表就病死了。荊州軍政權力落入劉表後來娶的妻子蔡夫人和她娘家手中，蔡夫人讓自己的兒子劉琮（ㄘㄨㄥˊ）做荊州牧（東漢的地方層級是州、郡、縣）。州牧是管理州的官員，類似省長。

在蔡家、蒯家慫恿、脅迫之下，劉琮代表荊州勢力向曹操投降。但是劉備不願意投降，就帶著自己的人馬，和劉表的大兒子劉琦，一起逃往夏口（現今湖北武漢）。當時劉備的手下只有兩萬多人，勢單力薄，根本不能與曹操對抗。此時，得到荊州的曹操，打算接著對付孫權。孫權陣營的魯肅聽說了，便與劉備見面，勸劉備與孫權結盟，一起抵抗曹操。

江東陣營

孫權所掌握的江東勢力，是他的父親孫堅建立的。父親孫堅和哥哥孫策先後去世，輪到孫權接手。孫權雖然還很年輕，但他有張昭、周瑜等大臣輔佐，局勢很快就穩定下來，甚至越來越強大，所以江東自然就成為曹操的下一個攻擊目標。在諸葛亮、魯肅等人分析下，孫權與劉備決定結盟，聯手對抗曹操，以維護江東不被曹操統治。

赤壁之戰

曹操在消滅袁紹的殘餘力量後，基本上已經統一了北方。西元二〇八年，曹操以漢朝丞相的身分命令軍隊南下，想要統一全國。雖然實際派上前線的軍隊不到二十萬人，但他對外號稱有八十萬大軍，陣仗驚人。相反的，孫劉聯盟只能派出五萬人抵擋曹軍，看起來像是以卵擊石。不過，歷史告訴我們，勝負往往並不是單純以人數決定的。

曹操的將士大多是北方人，不習慣水上生活，容易暈船。為了緩解這種情況，曹操讓士兵用鐵鍊把所有的船都連接起來，再鋪上木板保持平穩，這樣船隻就不容易搖晃了。一切安排妥當後，他在船上高興的舉行宴會，以為統一南北指日可待。

周瑜的部下黃蓋發現曹軍連環戰船的弱點，於是向周瑜建議採取火攻，因為當時的戰船是木製的。孫劉聯軍經過商議，讓黃蓋寫信給曹操，假意說他與周瑜不和，要帶兵去投靠。曹操信以為真，以為自己獲得了一個難得的內應。

到了約定的夜裡，黃蓋帶領十艘快船，順著東南風，從長江南岸向北駛去。這些戰船上堆滿澆了油的柴草，外面用布罩著，還

插上做為約定記號的旗子。曹軍看到船，以為黃蓋按照約定來投降，未加防備。

當快船駛近曹軍戰船時，黃蓋令士兵對十艘快船同時點火，然後跳上小船飛速離開。當晚風猛火烈，著火的快船直衝向曹軍鎖在一起的戰船，立刻引起大火，甚至蔓延到了岸上的營寨。曹軍人馬在一片混亂中，不是被燒死，就是落水淹死。周瑜在戰船上看到曹營火起，馬上擊鼓進擊，孫劉聯軍水陸並進，追趕曹軍，曹操不得不帶領剩餘的兵馬狼狽逃回北方。這一次戰役，就是有名的「赤壁之戰」。

▶ 赤壁之戰。

赤壁戰後新局面

赤壁之戰後，三國分立的局面大致形成。兵家必爭之地的荊州，也被三方給瓜分了。曹操的軍隊因為損失慘重，不敢再輕易南下；孫權則喘了一口氣，江東算是度過一劫。荊州的州牧原本是劉表，赤壁之戰後，劉備向朝廷請求讓劉表的大兒子劉琦擔任州牧，荊州南邊的武陵、長沙、零陵、桂陽四個郡都由劉氏管理。不久，劉琦病死，劉備被推舉接任，於是荊州四郡就都

▶《三國演義》有一段「劉備借荊州」的故事。事實上，赤壁之戰後，荊州已經被曹操、劉備、孫權三方勢力瓜分，劉備想借的，是孫權所佔有的荊州南郡。

歸劉備了。劉備接下的來打算是進一步奪取蜀地，也就是現在的四川。

孫權見劉備的勢力迅速成長，於是想讓劉備娶自己的妹妹，雙方建立聯姻關係，好過敵對，且能藉這層關係牽制劉備。聯姻對劉備來說也有好處，有助於化解他爭取蜀地的阻力。

西元二一一年，曹操要討伐漢中的張魯。漢中是益州的一部分，一旦拿下漢中，得到益州也是指日可待。曹操這個決定，嚇得益州牧劉璋趕忙派出使者迎接劉備進入蜀地，希望靠劉備來抵抗曹軍。

劉備入蜀不久，便與劉璋鬧翻了，雙方還打了一仗，劉備勝利，接管了劉璋的地盤。當初在隆中，諸葛亮為劉備擬定的戰略，算是有了初步成果。

另一方面，曹操的軍隊也勢如破竹，先是在潼關之戰打敗盤據關中地區的諸侯馬超，得到西北地方；接著，曹操的手下大將夏侯淵再勝馬超，拿下了新的根據地——冀城（在現今甘肅）。西元二一五年，曹操親自率領大軍，完全吞併了張魯所在的漢中地區。狼狽的馬超則是投奔劉備，成為劉備的得力手下。

曹操、孫權、劉備這三股勢力，圍繞著荊州、漢中、合肥三個地區，持續相互抗衡。

原來是這樣啊

智者魯肅

歷史上真實的魯肅，比《三國演義》裡所描寫的，表現更為傑出。《三國演義》裡，諸葛亮、周瑜是天縱英才，魯肅相形見絀。事實上，魯肅也是一位目光長遠的智者。諸葛亮提出三分天下，而魯肅也對孫權如此分析過。

歷史事件09

關羽丟失荊州

劉備成為漢中王

西元二一八年，劉備聽從法正、黃權等人的建議，率領大軍攻打被曹操佔領的漢中，曹操也親率大軍來漢中，與劉備對峙。這場戰役，一直是你攻我守、你守我攻的拉鋸戰。直到二一九年正月，老將黃忠聽了法正的建議，在定軍山（現今陝西南部）突襲曹軍，斬殺曹操手下大將夏侯淵，讓曹軍吃了敗仗。

曹操此役沒占到什麼便宜，還損失了重要將領。到了五月，曹操再也撐不下去了，只得返回長安。劉備佔領漢中後，自稱漢中王，與曹操分庭抗禮。

關羽節節勝利

劉備稱王後，給部屬加官晉爵。留守荊州的關羽被封為前將軍，還獲得「假節鉞」（代表國家大權的符節）的高規格待遇，成了名副其實的荊州大都督。也就是說，關羽可以代表劉備出征，還可以不經過報告就斬殺觸犯軍令的人。

關羽高興的決定北上討伐曹操，於是率領部隊進攻荊州北部的樊城。曹操派出大將于禁前往救援。那時正是秋天，天降暴雨，河水暴漲，于禁所率領的七支軍隊全被河水淹了。

關羽趁機率領水軍攻擊于禁的軍隊，還抓到于禁的部將龐德。這時候連于禁都已經投降關羽了，但是龐德寧死也不肯投降，關羽只能殺了他。之後，儘管曹軍出動大將曹仁等

◀曹操派出的七支軍隊，被突然暴漲的河水淹沒了。

人，但他們都不是關羽的對手，就連周邊的盜賊都投靠了關羽。關羽的聲勢極盛，所向披靡，各方勢力無不被他的赫赫戰功威懾，甚至連曹操都考慮是不是應該把都城搬到別的地方。

大意輕敵 丟失荊州

這時，江東的主人孫權也對荊州這塊寶地虎視眈眈。魯肅去世後，孫權與劉備的聯盟就不那麼穩固了。大將呂蒙這時向孫權獻策，讓孫權對外宣稱呂蒙病危，要回家休養，改用年輕的陸遜接替，用計讓

221年，劉備稱帝，
國號「漢」，史稱「蜀漢」

▶ 關羽因為大意而丟失了荊州。

關羽放鬆警惕，然後再伺機偷襲。關羽果然上當，把後方的守兵調到樊城，全力與曹操開戰。

知道關羽中計後，呂蒙祕密率領軍隊來到潯陽（現在的江西九江），讓將士們穿上白衣，喬裝成商人，精兵則埋伏在小船中。這夥祕密武裝部隊在江邊制服了關羽設置的守兵，偷偷

趣味典故

食之無味，棄之可惜

比喻有的事情，做了沒太大好處，卻又捨不得放棄。

楊修是東漢太尉楊彪的兒子，聰明好學，才華過人。西元二一九年，曹操在漢中與劉備對峙，傷亡慘重，一時拿不定主意是不是該退兵回長安。一天夜裡，護軍來請示軍事口令，曹操隨口答「雞肋」。隨軍的楊修從這句「雞肋」，領悟曹操有意撤兵，因為雞肋是沒有肉的部位，即使搶來吃到嘴裡，也沒多大意思。於是楊修就跟身邊的人說，可以準備收拾行裝，等著撤退了。曹操的心思被識破，惱羞成怒，認為楊修擾亂軍心，將他處死。不過，這個關於雞肋的故事，也可能是後人穿鑿附會的。

大事記

世界

中國

216年，曹操被封為魏王

219年，呂蒙突襲荊州，關羽大敗

220年，曹操去世，曹丕稱帝，改國號為「魏」，東漢滅亡

熄滅了用來報信的烽火臺。呂蒙成功取得南郡，接著派人勸説駐守荊州重鎮江陵郡、公安郡的將領投降。這兩人因為跟關羽有過節，所以很快就答應投降。就這樣，荊州落入呂蒙手中。

等到關羽聽説後方有變的時候，已經來不及了——不僅丟了荊州，連軍隊將士的家屬都被呂蒙抓走了。關羽帶軍後撤的過程中，呂蒙體貼的讓使者帶去家屬的信，給關羽的將士報平安。將士們原本惶惶不安，得知家人受到妥善對待、沒有性命危險的時候，鬆了一口氣，但也頓時失去鬥志了。

關羽知道大勢已去，退兵到一座叫麥城（在現今湖北）的小城，而他的大部分的屬下都向吳軍投降了。

西元二一九年，關羽假意投降，借機出逃。他一路突圍，卻遇上了埋伏，被吳軍擒獲。被俘後的關羽堅決不投降，最終與兒子關平、部將趙累，一起被孫權斬殺。

成語講堂

刮目相看

比喻別人已有進步，不能再用從前的眼光評價他。原作「刮目相待」。

三國吳國大將呂蒙，從小家貧，沒有機會讀書，但是很會打仗。孫權很賞識他，鼓勵他多讀書，了解歷史、充實知識。起先他以軍務繁忙為藉口，不想讀書，但是孫權要求他，做為國家棟梁的人，必須充實自己，於是他開始找時間讀書，漸漸有了學識。

一次，呂蒙擺下酒菜招待好友魯肅，二人談論國家大事，呂蒙談得頭頭是道。魯肅大為吃驚，說：「我之前一直以為你只會武藝不懂謀略，但今天看來，你的學識才略已非當日的吳下阿蒙了。」呂蒙回答：「士別三日，即更刮目相待。」

歷史事件10

三國時代正式開啟

東漢終結

孫權偷襲荊州，得罪了劉備，當然不能再得罪曹操。為了討好曹操，讓他放下戒心，西元二一九年冬，孫權上書給曹操，勸他當皇帝。曹操是個非常冷靜的政治家，並沒有受到蠱惑，他的計畫是讓自己的兒子來建立新政權，取代漢獻帝。

曹操的長子曹昂早逝，三子曹彰喜歡帶兵打仗但文才較差，小兒子曹熊還年幼，所以就屬次子曹丕和四子曹植是合適的人選。曹植才華出眾，受到曹操偏愛，這令曹丕十分妒忌。

曹丕和曹植都希望被曹操選為繼承人，因此各自拉幫結派，互相算計。曹植雖有才華，但和許多才子一樣，經常任性妄為，屢屢讓曹操失望。再加上司馬懿、吳質等大臣為曹丕謀畫，最終曹操選擇了曹丕做繼承人。

曹操病逝於西元二二〇年。他去世後，曹丕繼任丞相、魏王，同年十月，曹丕逼迫漢獻帝讓出皇位，改國號為魏，定都洛陽。漢獻帝成為曹操的傀儡時，東漢政權就已經名存實亡了，但直到此時，延續近兩百年的東漢王朝才算真正走到了歷史盡頭。

九品中正制

東漢的人才選拔制度叫做察舉制，是由地方長官來選取、推薦人才，這些人如果通過試用考核，就可以做官。曹丕即位後，為了安撫當時的世家大族，讓這些人支持他，因此採納陳群的建議，實行九品中正制。

九品中正制，其實是升級版的察舉制，把人才分為九品，也就是九個等級：上上、上中、上下，中上、中中、中下，下上、下中、下下。選拔人才，需要有一致的標準，九品中正制就提供了這樣的標準，以及更精細的做法；地方長官在選拔人才時，對於身世背景、個人才能，必須調查得更加仔細。

不過，這個制度並不完美，它固化了各階層的地位。從那以後，只有世家大族的人，才有機會登上高位，如果出身不好，很難有好前途，所以這個制度在後世受到很多批評。魏的滅亡也與這個制度有關。

▶ 鄉里推選有才能的讀書人。

曹丕建立了魏，是為魏文帝，他追諡曹操為魏武帝。當時有謠言說漢獻帝被他害死了。自稱漢室宗親的劉備聽說了，換上喪服以示哀悼。西元二二一年，號稱為了延續大漢正統，劉備在成都正式登基，國號仍為「漢」，史稱「蜀漢」。登基後，劉備任命諸葛亮為丞相，並建立宗廟，祭祀漢朝皇帝。

事實上，獻帝雖被逼禪位，但並未沒有死，而是被曹丕封為「山陽公」，讓他遷往他的封地山陽郡，在那裏安度餘年，直到西元二三四年（曹丕的長子魏明帝青龍二年）去世，以天子的規格安葬於禪陵（在現今河南）。

另一方面，曹丕稱帝後，封孫權為吳王。但孫權可不是真心歸降曹丕的。做為一方霸主，他同樣有著當皇帝的野心，只是當時劉備要來攻打東吳，為了避免曹丕偷襲，孫權才假裝臣服。果然，西元二二九年，孫權也登基當皇帝了，史稱吳大帝，又稱吳太祖。

孫氏統治江東地區長達五十一年，是三國時期歷時最久的一個政權。而最早滅亡的，是劉備建立的蜀漢。

東漢末年戰亂頻發，瘟疫肆虐，生靈塗炭，百姓病死無數。醫聖張仲景也是受害者，家族有多人因為瘟疫而離世。眼見家人無法醫治而死亡，讓他決心好好研究醫學。《傷寒雜病論》就是張仲景潛心研究的成果，這是中醫史上第一部具備理（中醫理論）、法（診治方法）、方（方劑）、藥（藥物）的經典。

同時代，還有兩位著名醫生，與張仲景合稱「建安三神醫」（「建安」是漢獻帝的年號）。其中一位是著名的華佗，他是位了不起的外科手術醫生，同時也是最早的麻醉藥——麻沸散的發明者。這種藥物與酒一起服下，能使人身體麻木，減輕病人在手術和縫合傷口時的痛苦。現在麻沸散的配方與當時的外科手法都已經失傳了。

另一位著名醫生叫做董奉。傳說董奉治病從不收錢，只要求患者栽種杏樹，就算是診費了。人們可以拿穀子來找董奉換杏子，這些換來的穀子則被董奉拿去分給災民。所以後來大家就用「杏林春暖」來形容醫生的高明醫術與醫德。

▶「神醫」華佗。

建安文學與建安風骨

東漢末年的瘟疫導致無數百姓喪生，當時的文學領域也受重創。西元二一七年冬天，五位著名文學家都死於北方的一場瘟疫，他們是陳琳、王粲、徐幹、應瑒、劉楨。這五人與之前已去世的孔融、阮瑀，都是活躍在東漢末年建安時代的文學家，被稱為「建安七子」。

「建安七子」之中，詩賦成就最高的是王粲，名氣最大的是「孔融讓梨」的主角孔融。孔融因為與曹操政見不合而被曹操殺了。

一代梟雄曹操也是一位卓越的文學家。曹操的詩歌充滿理想和抱負。從他寫的樂府詩〈短歌行〉，可以看出他是的才情與雄心。在他薰陶下，他的兩個兒子曹丕、曹植的詩文也非常優秀，後人將他們父子合稱為「三曹」。

產生於戰亂的建安文學，大多反映社會動亂，讀起來總有慷慨悲涼的色彩；但在曹操父子和建安七子等人的影響下，許多作品也表達了作者的理想與抱負，這樣的風格被後人稱為「建安風骨」。

同樣活躍在文化領域的還有七位名士，被稱為「竹林七賢」。我們可以在第五冊讀到他們的故事。

趣味典故

曹操平定了北方割據勢力，控制了朝政。接著他在建安十三年冬，親率大軍，直達長江北岸，準備渡江消滅孫權和劉備，進而統一全國。一天晚上，天氣晴朗，風平浪靜，曹操下令在大船上擺酒設宴，款待眾將。他以酒祭獻長江，意氣風發的橫槊賦詩，所作的詩，便是傳誦千古的〈短歌行〉：

對酒當歌，人生幾何？譬如朝露，去日苦多。
慨當以慷，憂思難忘。何以解憂？唯有杜康。
青青子衿，悠悠我心。但為君故，沉吟至今。
呦呦鹿鳴，食野之苹。我有嘉賓，鼓瑟吹笙。
皎皎如月，何時可掇？憂從中來，不可斷絕。
越陌度阡，枉用相存。契闊談讌，心念舊恩。
月明星稀，烏鵲南飛。繞樹三匝，無枝可棲？
山不厭高，水不厭深。周公吐哺，天下歸心。

▲曹操的詩文都很有英雄氣概。

歷史事件11

諸葛亮的治國韜略

劉備敗走白帝城

氣勢洶洶的跑去給張飛、關羽報仇的劉備大軍，為什麼會失敗呢？

根據諸葛亮「隆中對」的謀略，荊州是劉備一定要好好經營的地方，這裡可以支援前線的戰爭，在天下有變之時，通過荊州還可以直取洛陽，所以失去荊州的後果是劉備無法承受的。更何況，東吳偷襲，讓劉備損失了他最倚重的大將關羽，以及一大批精銳部隊。因此，劉備稱帝後，第一個重大決策，就是向東攻打吳國，既是為重新奪回荊州，也是為關羽報仇。

劉備的動員令剛傳下去，就收到一大噩耗！他的另一名大

225年，諸葛亮開始南征

226年，魏文帝曹丕去世，魏明帝曹叡即位

將張飛竟被手下給殺了，首級還被這兩人帶著投奔吳國。接連失去兩個好兄弟，劉備被仇恨沖昏了頭。二二一年，他決定親自帶兵攻打吳國。

孫權也被來勢洶洶的劉備嚇壞了，他先是向曹魏稱臣，避免遭受兩面夾擊，接著又派諸葛亮的哥哥諸葛瑾去向劉備求和，但是劉備心意已決，不肯接受。孫權只得派兵應戰，雙方對峙數月，戰況膠著。

吳國的軍事家陸遜敏銳的發現，劉備的軍隊，居然在山谷樹林中紮營，排列成一個狹長而分散的陣形。當時已經是六月，南方天氣特別熱，樹林很容易著火。如果用火攻，一定能大敗劉備！於是陸遜派部下趁著夜色掩護，到劉備的營中放火，又派遣朱然、潘璋等人發動攻擊。蜀軍被打得落花流水，一場大火讓他們損失慘重。劉備狼狽的帶著殘兵敗將倉皇逃回

大事記

世界

224年，薩珊王朝建立，滅安息帝國

中國

222年，夷陵之戰爆發

223年，蜀漢昭烈帝劉備去世，劉禪即位

蜀國。

這場慘敗讓劉備更加抑鬱了，撤退到白帝城時，他一病不起，不久就去世了。臨死前，劉備立大兒子劉禪為新的蜀漢皇帝，並囑託諸葛亮和李嚴等人，一定要好好輔佐劉禪，完成復興漢室的夙願。

諸葛亮獨撐大局

劉禪年幼，蜀漢大權握在諸葛亮手裡。聽起來雖然威風，但這可不是什麼好差事。這時候的蜀國，對外有曹魏和東吳兩個強大的敵人，內部的矛盾也即將爆發。

面對內憂外患的複雜形勢，諸葛亮決定和吳國握手言和。對吳國來說，要同時對抗魏、蜀，也是很危險的，所以其實孫權也想與蜀國聯合，共同對抗更強大的曹魏。這不但是諸葛亮的戰略，更是現實考量下必然的選擇。

▲劉備白帝城託孤。

暫時解除外部威脅後，諸葛亮對蜀漢內部進行大刀闊斧的改革。他親自制定選拔官員的政策，讓所有人都能得到適合自己的工作，即使是得罪過他的人，只要工作做得好，一樣能得到獎賞。諸葛亮還改善了刑罰措施，對那些違法犯罪的人，即使是自己的親戚也絕不縱容。此外，諸葛亮還發

明了一系列的工程機械，大大提高了百姓的生產效率。

然而，新的問題與挑戰不斷出現。蜀漢南部的建寧、永昌等地，長期以來都是少數民族的家鄉。蜀漢被吳國打敗以後，這些土著官員也動搖了。因為風俗、習慣等差異，這些少

▶ 諸葛亮七擒七縱孟獲。

數民族本來就不太認同蜀漢政權，這下他們更不願再臣服了。

面對這棘手的局面，諸葛亮決定親自率兵南征，他採納參謀馬謖ㄙㄨˋ的建議，這時候不再在意一城一地的得失了，而是抓住那些少數民族人民的心，瓦解他們的鬥志，逐漸感化他們，讓他們對蜀漢心服口服，不再反叛。收服南中（指四川南部和雲南、貴州一帶）後，諸葛亮派參軍王平組建了一支以少數民族組成的「特種部隊」，叫做「無當飛軍」，安定南方，同時也為北伐做準備。

成語講堂

七擒七縱

比喻運用策略，使對方心服口服。

孟獲是南中地區少數民族與當地漢族的共同首領。所以諸葛亮南征，一定要收服孟獲。在一次戰鬥中，蜀軍將擒獲孟獲，孟獲不服氣：「這是因為我不知道你們蜀漢軍隊作戰的方式，你如果把我放了，下次我就能打敗你。」諸葛亮為了讓孟獲服氣，真的將他釋放。就這樣捉了又放，放了又捉，直到第七次被捉，孟獲再也說不出不服氣的話，成了諸葛亮的忠實擁護者。

歷史事件12

蜀漢曠日持久的北伐

蜀漢北伐的原因

平定南方叛亂後，諸葛亮讓當地大小首領做地方官，蜀漢也開始富裕起來。諸葛亮心中仍然記著劉備離世時的願望——東漢的都城在洛陽，劉備一直希望復興漢室的統治，回到以前的國都。但是想回到洛陽，必定要北上與魏國開戰。

二二七年春天，在諸葛亮建議下，劉禪發布北伐詔書，由諸葛亮率領各路大軍北上。駐紮在漢中時，諸葛

▶ 諸葛亮寫《出師表》，向劉禪建言。

亮因為放心不下劉禪，便寫了一篇文章，用心良苦的跟劉禪說了許多道理，這就是流傳千古的《出師表》。諸葛亮告訴劉禪應該怎麼去理解做君主的道理，應該怎麼去處理事務才能公正，又告訴他朝中有哪些正直、值得信賴的大臣。

231年，羅馬帝國與薩珊王朝之間的戰爭開始

234年，諸葛亮病逝於五丈原

多次北伐　無功而返

二二八年，諸葛亮領兵進攻魏國邊境的祁山，很快的，魏國邊境的天水、南安、安定這三郡的守將都向蜀軍投降了。取得隴西三郡，可以切斷中原地區與涼州（現今甘肅、寧夏一代）的聯繫，諸葛亮只要在此長期屯田經營，把長安變成前線，三國的格局就被打破。

北伐一開始捷報頻傳，看似勢如破竹。魏明帝曹叡（ㄖㄨㄟˋ）親自坐鎮長安，派出大將張郃（ㄏㄜˊ）領軍對戰。諸葛亮則派出馬謖擔任先鋒，與張郃在街亭交戰。馬謖被張郃擊敗，使得街亭這個重要的陣地竟被魏國佔領。街亭古戰場，位於今天的甘肅，西北是山地、東南是秦嶺，戰略地位十分重要。街亭戰敗，使得蜀軍功虧一簣，只好黯然退軍回漢中，蜀漢第一次北伐失敗了，而這一次失敗，也

大事記

	227年	228年	229年
世界			
中國	227年，諸葛亮上奏《出師表》，出兵漢中	228年，諸葛亮第一次北伐	229年，孫權稱帝，遷都建業

使得後來的北伐更加艱難。

這年冬天，諸葛亮再次率兵進攻祁山（在現今甘肅），包圍了陳倉（在現今陝西）。這次出戰的魏國將軍郝昭，非常善於防守，雙方僵持二十多天，誰也沒取得優勢，直到諸葛亮軍隊的糧草耗盡，不得不撤退。第二次北伐也告失敗。

二二九年春天，諸葛亮派兵佔領了魏國的武都、陰平（都在現今甘肅）兩郡。冬天，又把大營搬到南山下的平原，修建漢城與樂城（在現今陝西、河北一帶）。第二年秋天，魏國主動派司馬懿、張郃、曹真三路大軍同時進攻漢中，戰事一觸即發。誰知就在這個關

鍵時刻，天降大雨，斷了魏國前往漢中的路，魏國三軍只得原路返回。

二三一年春天，諸葛亮率軍再次圍攻魏國邊境的祁山，這次他用木牛、流馬來運送糧草。魏國派司馬懿、張郃在祁山防守，卻吃了一場敗仗。六月的時候，蜀軍再次因為糧草不足被迫退兵。第四次北伐又失敗了。不過，魏國將軍張郃在追擊諸葛亮大軍時，被諸葛亮發明的連弩射中身亡。

二三四年，諸葛亮率兵從斜谷道（古代巴蜀通往關中平原的主幹道）北伐魏國，在五丈原（在現今陝西）駐守，魏國則派出司馬懿在渭水北岸駐守，與諸葛亮遙遙相望。雖背靠

▼為了實現劉備的遺願，蜀國多次北伐。

斜谷糧庫，諸葛亮還是擔心軍隊的糧食供給又像以前那樣出狀況，於是派部分軍隊在渭水南岸耕種土地，為軍隊長期駐紮做好準備。

兩軍在渭水兩岸僵持一百多天。司馬懿派探子偵查蜀國軍隊，不問別的，只問諸葛亮過得怎麼樣。探子回報：「諸葛亮整天忙著處理軍中大小事務，沒怎麼吃飯。」司馬懿憑此斷定諸葛亮快要死了。這年八月，諸葛亮果然累得病倒，臨死前交代下屬：「好好整頓軍隊，準備回成都吧。」

諸葛亮死後被安葬在定軍山。蜀國大將姜維、楊儀等人則按照諸葛亮的安排撤退。死對頭司馬懿得到消息，趕緊追擊。蜀軍又是揮旗幟又是擊戰鼓，擺出一副要進攻的架勢。司馬懿擔心是陷阱，立刻下令退兵。這件事傳出去後，百姓便說「死諸葛嚇跑了活仲達」（司馬懿，字仲達）。失去了核心領導人物，蜀國更是北伐無望。

▲諸葛亮太過操勞，病死軍中。

歷史事件13

司馬家族獲得最終勝利

諸葛亮去世後，三國時代進入了相對和平的時期。魏國大權落入司馬懿手中，蜀國則由蔣琬和費禕先後主掌朝政。

蔣琬和費禕都是生性平和的人，賞罰分明，沿用諸葛亮生前制定的政策。費禕掌權時，總是壓制大將姜維，導致他不能施展軍事才華。費禕去世後，姜維統領蜀國軍隊，又進行多次北伐，但是收效不大，勞民傷財。

二六三年，當時魏國是由司馬懿的兒子司馬昭掌權，在他看來，滅蜀的時機已經成熟，便讓鄧艾等人率兵伐蜀。蜀國由姜維領軍，與鄧艾交戰。姜維不敵，退守劍閣。好在劍閣地勢險要，可以

249年，羅馬帝國皇帝德西烏斯大肆鎮壓基督教徒

249年，高平陵之變，司馬懿掌握大權

254年，司馬師廢掉魏帝，次年去世

抵禦魏軍。但沒想到鄧艾竟派人在陰平這個荒無人煙的地方修築起了棧道橋梁，出奇兵繞過了劍閣，直接帶兵進入蜀國腹地。

蜀國皇帝劉禪是個沒有雄心大志的人，只知道享樂，突然面對鄧艾大軍來襲，什麼辦法也沒有，嚇得出城投降。魏軍要求劉禪下令讓蜀軍放棄抵抗。姜維

▲劉禪樂不思蜀。

大事記

世界

235年，羅馬帝國「三世紀危機」開始

中國

238年，魏國大將軍司馬懿征伐遼東

239年，魏明帝曹叡去世，司馬懿被推為太傅

被魏軍殺害，蜀國也無力抵抗，就滅亡了。

西元二六五年，司馬昭去世。他的兒子司馬炎逼迫魏元帝曹奐把帝位禪讓給他，從此魏國滅亡，歷史改朝換代，是為晉朝。三國之中，僅剩下遠在南方的吳國，但此時吳國皇帝孫皓喜歡大興土木，鋪張浪費，百官多次勸說他都不聽。二八〇年，晉朝派遣名將王濬征伐吳國，本來吳國以水兵見長，但是當時晉國的戰船建造得比吳國的還大，吳國受到震懾，孫皓很快就投降了。

天下三分的時代就此結束。魏、蜀、吳三國，都沒能完成天下統一。

成語講堂

樂不思蜀

比喻在新環境過得很安樂，讓人不想離開，也不想歸鄉。

劉禪投降後，司馬昭封他為「安樂公」，讓他天天飲酒作樂，還故意問他：「是現在的生活好，還是在蜀地的生活好？」劉禪本來就胸無大志，開心的答道：「這裡的生活太快樂了，讓人一點也不想回去蜀國！」

歷史事件14

三國時期的科技發明

三國時期，國與國之間經常打仗，急需新的兵器、用具，刺激了科技發展，因而出現一批傑出的科學家、醫學家和機械製造家，不少科技成就在當時的世界都是非常先進的。

水轉百戲

魏國有一位很厲害的發明家，名叫馬鈞。他不僅重現了失傳的「指南車」，還製造了可以向高處農田運水

大事記

世界

中國

263年，劉禪降魏，蜀漢滅亡

265年，司馬炎逼魏元帝曹奐禪位，魏亡，晉朝建立

280年，吳末帝孫皓降晉，吳亡

的「翻車」，以及通過水力運行可以讓木頭小人自動擊鼓的「水轉百戲」。此外，馬鈞也嘗試改良攻城所用的發石車，讓發石車以輪盤的方式進行連續投擲，大大提高了攻擊力。

▲馬鈞發明的「翻車」，幫助農民提高生產效率。

木牛、流馬、連弩

為了從路程艱險的蜀道運送糧草，諸葛亮發明了木牛、流馬。木牛長得像現在的手推車，士兵可以用它運輸一年的口糧，即使每天走二十里路也不會太累。流馬的身形像大象，左右兩邊各放一個長方形木箱，每個木箱可裝米兩石三斗（近五十公斤）。木牛、流馬可以減少人力的消耗，提高運輸的速度，在諸葛亮北伐魏國的戰爭中開始使用。

諸葛亮還改進了當時的弓弩，發明著名的「諸葛連弩」。這種弓弩使用八尺長的鐵箭，用機括進行連續發箭，一次可以同時發射十支。在第四次北伐戰爭中諸葛亮領兵撤退之時，追擊蜀軍的魏國將軍張郃就是死在弩箭之下。

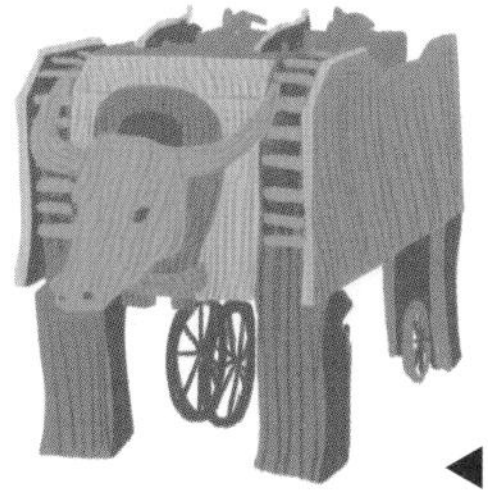

◀木牛

▲流馬

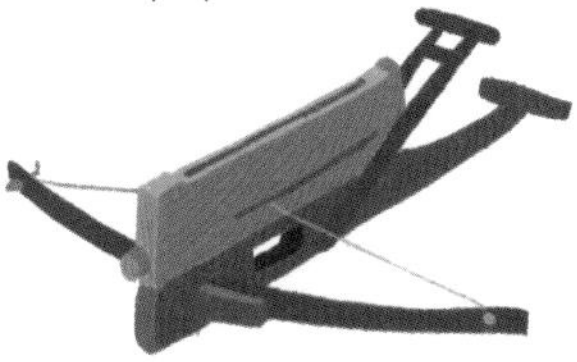

▲連弩

原來是這樣啊

古代的天文學系統

星官是中國古代對恆星分組的方式。當時的天文學家把天上的恒星分成一組一組的，一組恒星就是一個星官。三國時期，一個叫陳卓的吳國人，在這個基礎上整理了一個有二百八十三個星官、一千四百五十六顆星星的星官系統。更厲害的是，即使沒有天文望遠鏡，透過這種分割天空的辦法，古人也能繪製出全天星圖，並在上面標注星座的位置與星數。陳卓繪製的全天星官系統，也是後世天文學家製作星圖和天文儀器的重要依據，沿用了一千多年。

赤壁戰後　各方勢力分布圖

建安十四年 孫權奪南郡

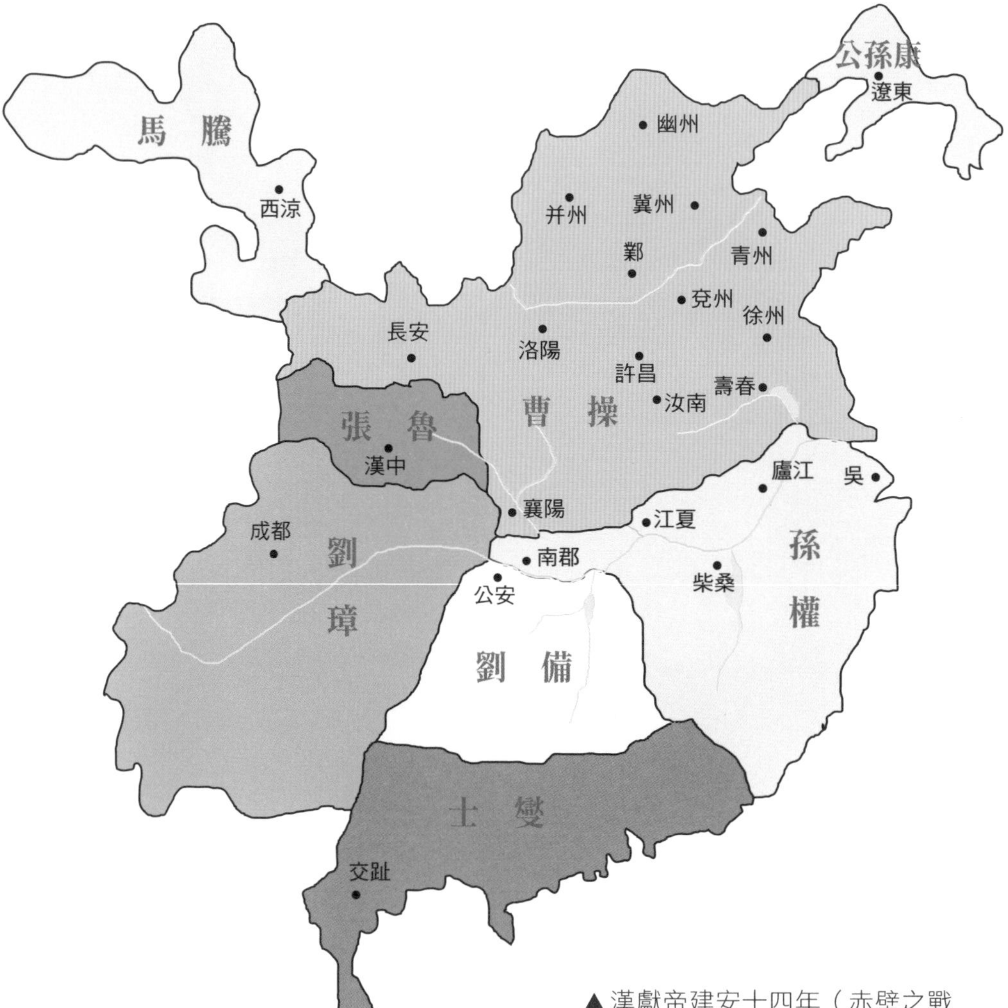

▲漢獻帝建安十四年（赤壁之戰次年，西元二〇九年），孫權取得南郡，並將南郡「借」給劉備，建立孫劉聯盟。

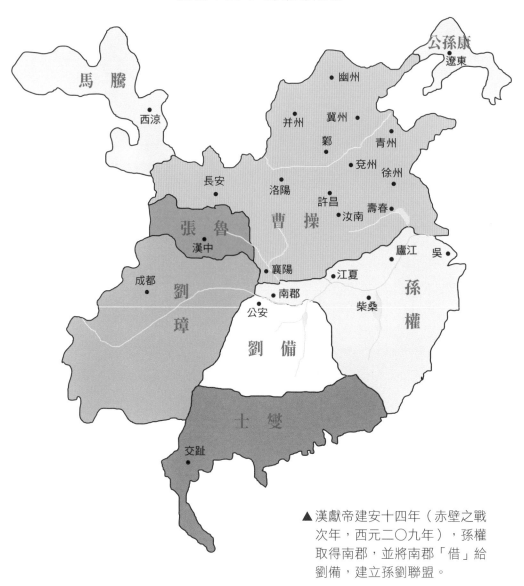

三國各州地理位置圖

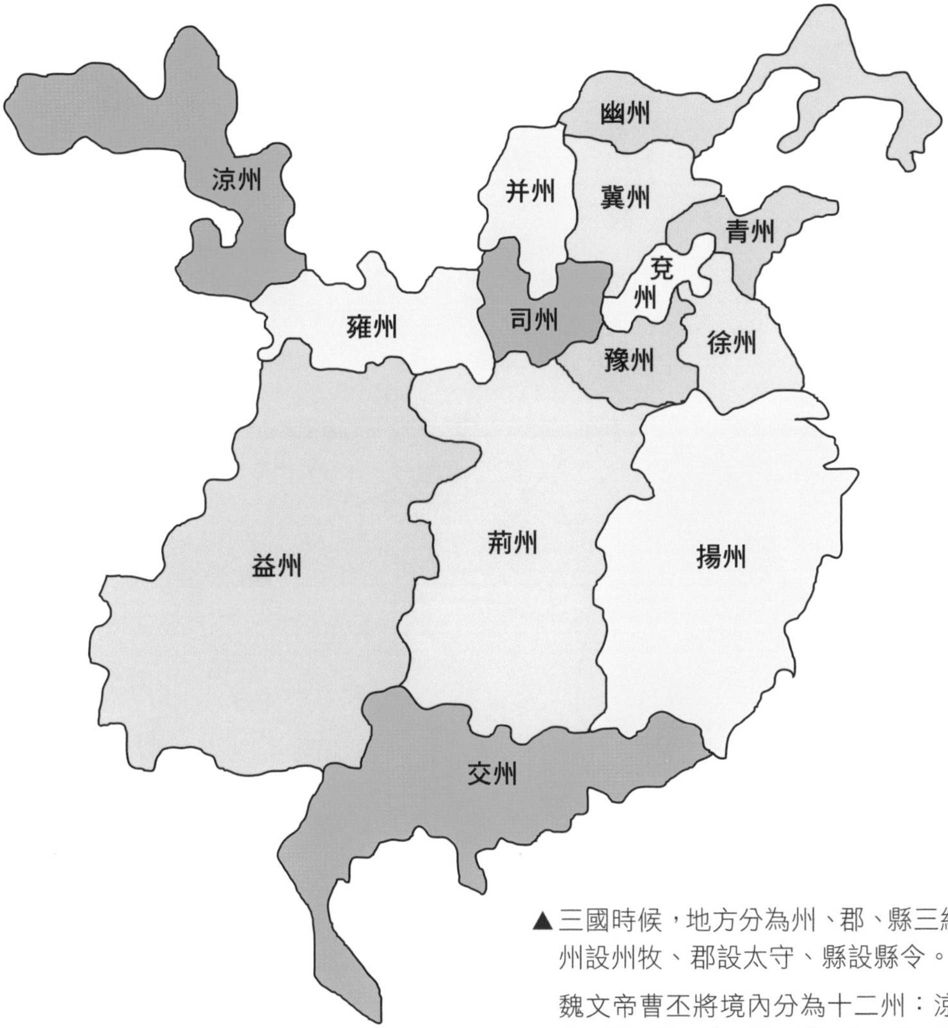

▲三國時候，地方分為州、郡、縣三級，州設州牧、郡設太守、縣設縣令。

魏文帝曹丕將境內分為十二州：涼、雍、司、并、幽、豫、冀、兗、徐、青、荊、揚。

吳國擁有荊、揚、交三州，其中荊、揚二州以長江為界，與魏國共有。

蜀國只擁有益州。

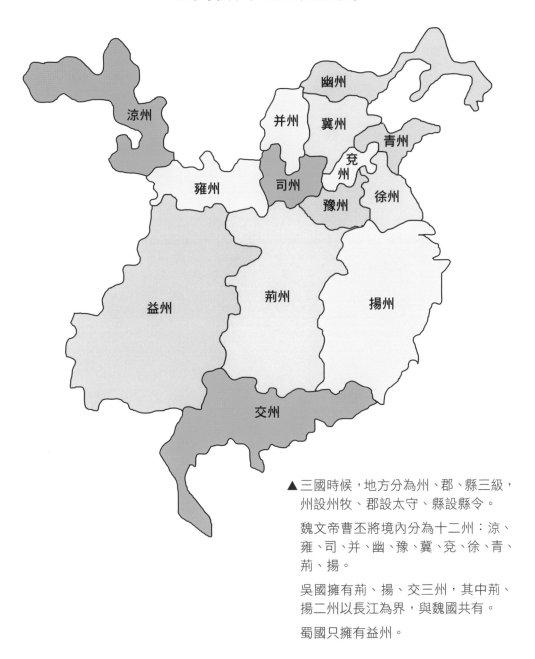

三國疆界暨周邊民族分布圖

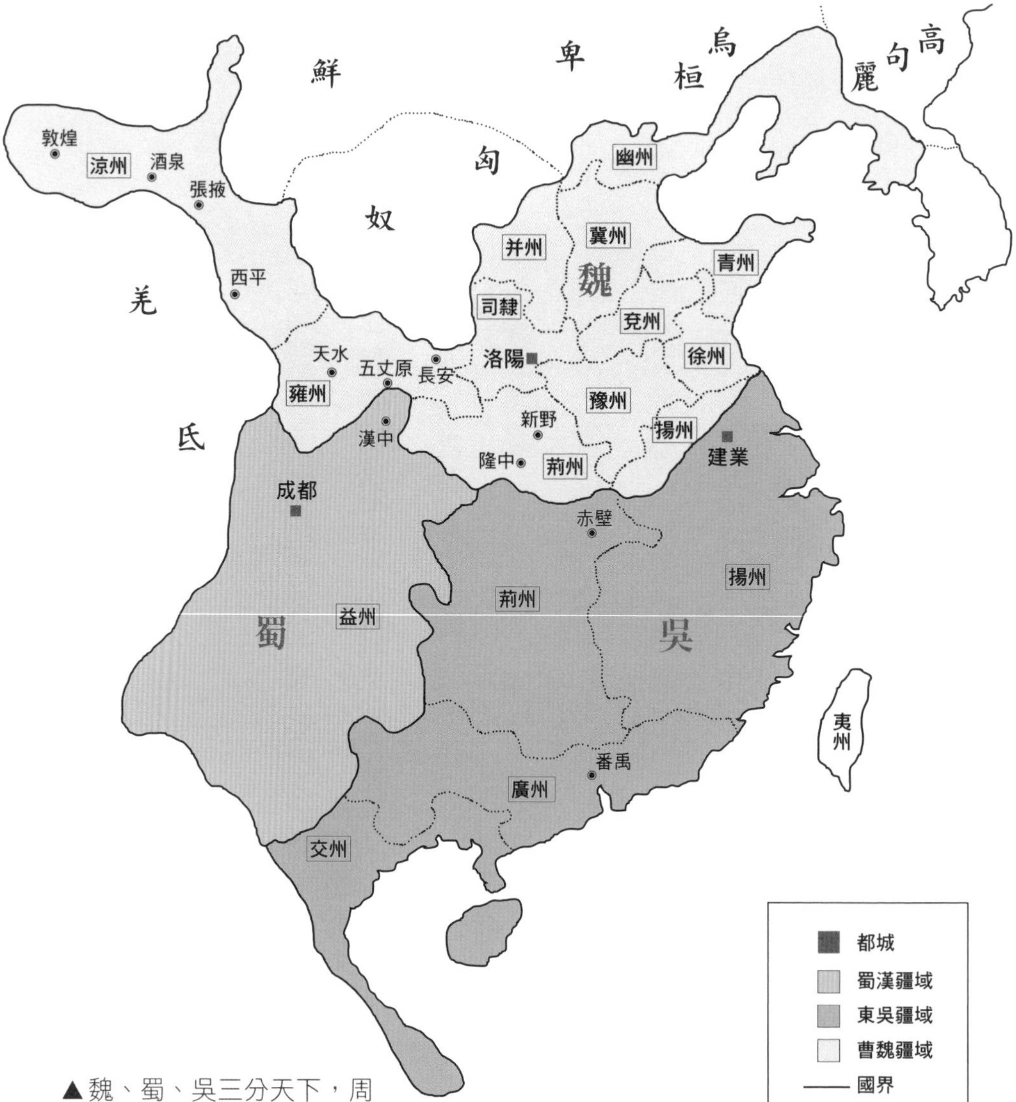

▲魏、蜀、吳三分天下，周邊民族主要有羌、氐、匈奴、鮮卑等。

當時臺灣稱為「夷州」。

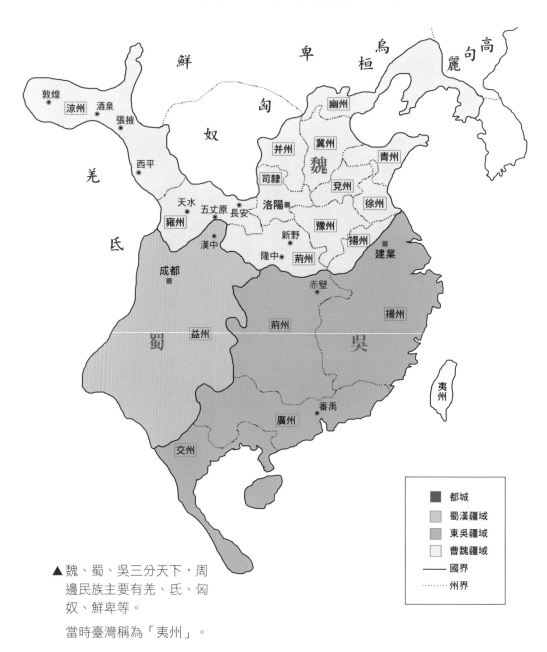

歷史就是這樣演進的！

這部歷史從夏朝開始說起，這是因為在此之前有關三皇五帝等傳說，由於缺少歷史證據，往往被視為神話。

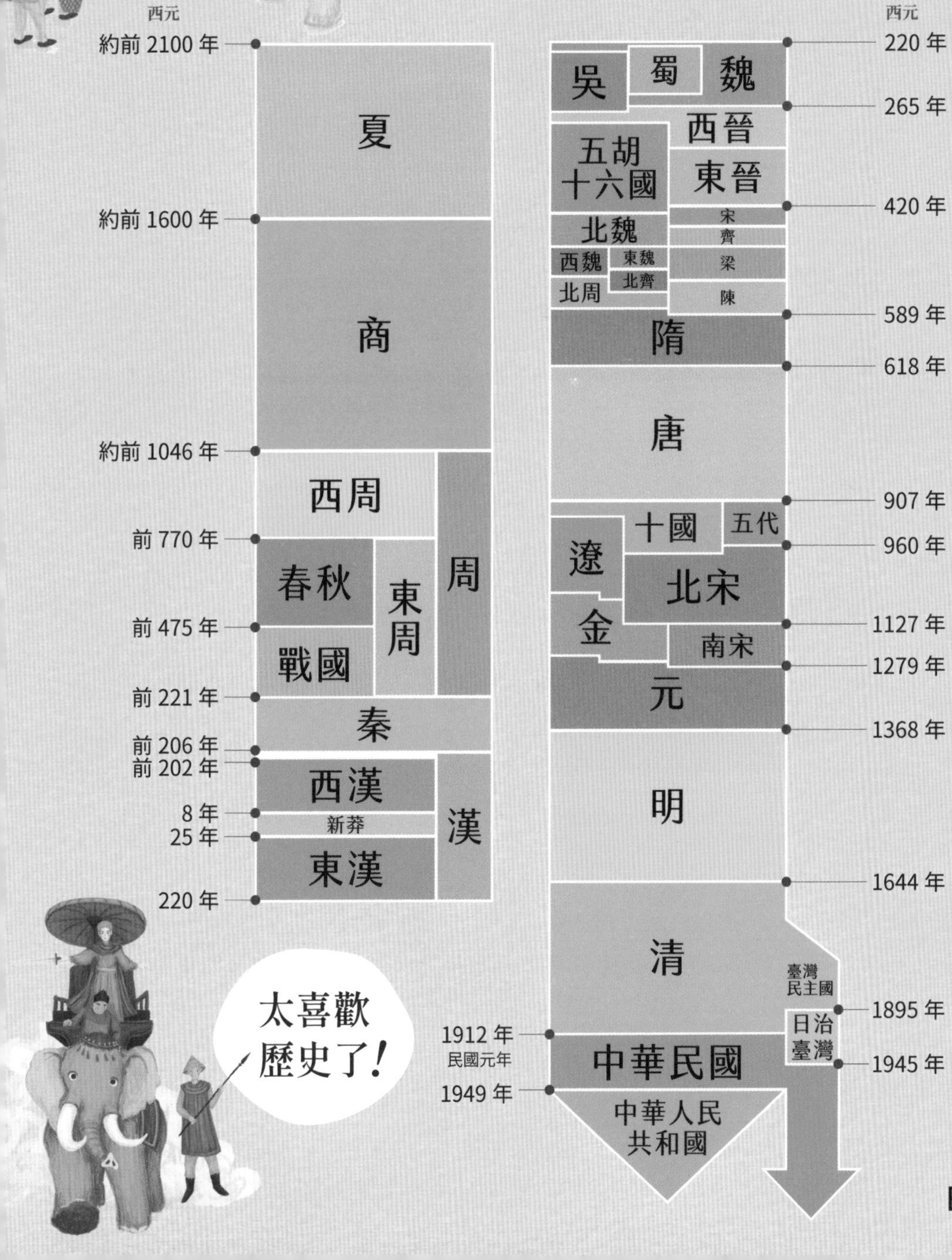

字畝

歷史就是這樣變化的！

歷史上，每個時代的疆域面積、統治族群，以及國都所在位置，都不斷的變化。而「統一」往往就是「分裂」的開始，分分合合是歷史常態。領土、統治族群、生活方式，也必然隨著時代演進，持續變動。歷史就是一部人類生存的變動史。

朝代		都城	現今地	統治族群	開國
	夏	安邑	山西夏縣	華夏族	禹
	商	亳	河南商丘	華夏族	湯
周	西周	鎬京	陝西西安	華夏族	周武王姬發
	東周	雒邑	河南洛陽	華夏族	周平王姬宜臼
	秦	咸陽	陝西咸陽	華夏族	始皇帝嬴政
漢	西漢	長安	陝西西安	漢族	漢高祖劉邦
	新朝	常安	陝西西安	漢族	王莽
	東漢	洛陽	河南洛陽	漢族	漢光武帝劉秀
三國	曹魏	洛陽	河南洛陽	漢族	魏文帝曹丕
	蜀漢	成都	四川成都	漢族	漢昭烈帝劉備
	孫吳	建業	江蘇南京	漢族	吳大帝孫權
晉	西晉	洛陽	河南洛陽	漢族	晉武帝司馬炎
	東晉	建康	江蘇南京	漢族	晉元帝司馬睿
南北朝	南朝 宋、齊、梁、陳	建康	江蘇南京	漢族	宋武帝劉裕等
	北朝 北魏、東魏、西魏 北齊、北周	平成 鄴 長安	山西大同 河北邯鄲 陝西西安	鮮卑 漢族 匈奴等	拓跋珪、元善見 宇文泰等
	隋	大興	陝西西安	漢族	隋文帝楊堅
	唐	長安	陝西西安	漢族	唐高祖李淵
	五代十國	汴、洛陽 江寧等	開封、洛陽 南京等	漢族	梁太祖朱溫等
宋	北宋	汴京	河南開封	漢族	宋太祖趙匡胤
	南宋	臨安	浙江杭州	漢族	宋高宗趙構
	遼	上京	內蒙古	契丹族	遼太祖耶律阿保機
	金	會寧	黑龍江哈爾濱	女真族	金太祖完顏阿骨打
	元	大都	河北北京	蒙古族	元世祖忽必烈
	明	應天府	江蘇南京	漢族	明太祖朱元璋
	清	北京	河北北京	滿族	清太宗皇太極

註：限於篇幅，本表不含各朝代後續遷都詳情。

國家圖書館出版品預行編目（CIP）資料

太喜歡歷史了：給中小學生的輕歷史 . 4, 東漢三國 / 知中編委會作 . -- 初版 . -- 新北市：遠足文化事業股份有限公司字畝文化出版：遠足文化事業股份有限公司發行 , 2021.09
面； 公分
ISBN 978-986-0784-54-1（平裝）
1. 中國史 2. 通俗史話
610.9 110013526

太喜歡歷史了！給中小學生的輕歷史④東漢三國

作　　者：知中編委會

字畝文化創意有限公司
社　　長：馮季眉
責任編輯：徐子茹
美術與封面設計：Bianco
美編排版：張簡至真

出版：字畝文化／遠足文化事業股份有限公司
發行：遠足文化事業股份有限公司（讀書共和國出版集團）
地址：231新北市新店區民權路108-2號9樓
電話：(02)2218-1417　傳真：(02)8667-1065
客服信箱：service@bookrep.com.tw
網路書店：www.bookrep.com.tw
團體訂購請洽業務部 (02) 2218-1417 分機1124
法律顧問：華洋法律事務所 蘇文生律師
印　　製：凱林彩印股份有限公司

2021 年 9 月　初版一刷　2024 年 7 月　初版七刷
定價：350 元　書號：XBLH0024
ISBN 978-986-0784-54-1